Flora von Bistram

Die Seele will heim

Gedanken Gedichte
zum Ausklang des Lebens

Umschlaggestaltung Flora von Bistram
Texte, Gestaltung   Flora von Bistram

© 2023, Flora von Bistram
Herstellung und Verlag: BoD – Books on Demand, Norderstedt
ISBN: 9783734701184

Flora von Bistram

Die Seele will heim

Gedanken Gedichte
zum Ausklang des Lebens

Der Weg über die Regenbogenbrücke

Ein Körper ist wie ein Mantel,
er begleitet uns nur eine gewisse Zeit.
Wenn er unbrauchbar wird,
trennen wir uns von ihm.
So wird die Seele ganz leicht
und kann von der Erde abheben
und dahin fliegen, wohin sie mag.

Zuerst nimmt sie Abschied
von Allem, was ihr hier auf Erden
viel bedeutet hat.
Das können Menschen, Tiere,
Erlebnisse oder Tätigkeiten sein.
Wenn du genau aufpasst,
kannst du immer wieder spüren,
wie eine Seele dich berührt.

Ganz froh und schwerelos
kann die reine Seele dann den Weg
zur Regenbogenbrücke gehen.
Ein ganz helles Licht begleitet
und leitet sie, damit sie sich nicht
in der Dunkelheit verirrt.

Über die schimmernden Farben,
schwebend, umhüllt von Wärme und
den Geräuschen der Natur,
findet sie nun die neue Heimat,
in der sie in Erinnerungen
den Sinn des Vergangenen erkennt.

Wir alle werden uns dort treffen,
wenn unser Trachten nach dem
Guten und Schönen uns beflügelt.

Für meine Kinder geschrieben 1983
und nun für die Enkel und Urenkel

Keine Kraft mehr

Ich möchte nur mein müdes Ich
in deinen starken Händen lassen,
will ruhen und nicht mehr erleben,
wie ohne Wirkung jedes Pflegen,
wie unsre wunderschöne Welt
so nach und nach in sich verfällt.

So gerne würd ich ruhen können,
in deinen weiten Armen schlafen.
Es wird nicht schwer, hier los zu lassen,
nur weiter lieben ohne hassen,
war auch mein Weg nicht immer leicht.
Zu große Worte wirken seicht.

Erscheint dir wirr nun manche Zeile
die ich auf diese Seite hefte,
nimm dir die Zeit, mich zu verstehen,
wenn auch viel Stunden noch vergehen,
bevor sich Sätze werden finden,
die sinnvoll sich zusammenbinden.

Kein Maß kann messen jenes Hoffen,
das Wünschen mal ein Bild verleiht.
Wer spricht schon gerne laut und offen
zeigt seine Blößen ganz befreit,
dass Jeder sie betasten kann
und auch belacht so dann und wann.

Doch weiter trägt mich mein Vertrauen,
dass ich dann endlich werde schauen
in eine Welt, fern dieser hier,
es wird sich öffnen jene Tür,
die mich ins Licht dann still lässt gehn,
und alles wird nur hell und schön.

2020

Schlaf schlaf

Du trägst mich erneut in die anderen Welten,
die Zeit sie verweht und sie fordert nicht mehr.
Es singen die Nachtblumen heilendes Weben,
das Balzen der Vögel umhüllt jedes Weh.
Und höre ich ferne das mahnende Rufen,
dann löst meine Seele das Jetzt und das Hier.

Befreit fliegt das Wünschen zu anderen Ufern,
wo hell und belebend sich Morgen enthüllt.
Still steht die Uhr und ich fühle das Weichen,
ganz tief im Empfinden zeigt sich mir ein Weg,
der liebend gesegnet, der mir nun bereitet
und den ich in Frieden und Freude dann geh.

2021

Verzeihen

Kurz vor des eignen Lebens Ende,
wenn Seele den Verstand besiegt,
wenn Fühlen Denken überfliegt,
dann nimmt so manches eine Wende.

Verzeihen steht an erster Stelle
man wertete oft viel zu hart,
geriet zu schnell in Abschussfahrt,
und trennte sich dann auf die Schnelle.

Die Habenseite lässt sich füllen
mit Glück in so viel kleinen Dingen,
die wir wie nebenbei einfingen,
weil sie sich ins Alltäglich hüllen.

So bitten wir von Herzen heute
was fehlten wir in unsrem Leben,
wie wir auch euch - nun zu vergeben,
vor dem man sich so lange scheute.

In Frieden sieht man auf das Ende,
das Überschreiten in das Licht,
das Dunkel fürchtet man dann nicht,
begibt sich ganz in höchste Hände.

2020

Sinnsuche

Alles Suchen wird zum Finden
Zweifel werden aufgelöst
von den Augen fallen Binden
es erwacht, was lange schlief,

wird vom Abgrund weggerissen
durch die Botschaft von dem Herrn.
Aufschwung wird uns durch das Wissen,
näher kommt, was gestern fern.

Was in Ewigkeit wird stehen,
wie der Weg uns lichtwärts führt,
lässt sein klares Wort uns sehen.
Gottes Strahl hat uns berührt.

Nicht was war, soll uns bedrücken,
was gewesen, sei vorbei.
Reines Wollen wird beglücken
und macht unsern Geist ganz frei.

Denn die Helfer aus dem Lichte
reichen uns die Hand hinab,
ziehen uns dann aus der Dichte
fort von ewgem Tod und Grab.

1973

Zerrissen

Stumm wird die Welt
jetzt in Wiesen und Wald,
Schönheit der Stimmen ist gänzlich verhallt,
Blumen und Blätter
verfärben sich grau,
Wolken bedecken das himmlische Blau.

Mond, Sonne, und Sterne
sind ohne Gesicht,
Fühlen und Sehen empfinden kein Licht,
Tage und Nächte
im Trauergewand,
weil deine Nähe für immer entschwand.

Zerstört von dem Fahrer,
der falschen Weg nahm,
der als Todesengel herangerast kam,
du sahst ihn nicht kommen,
hast nicht überlebt.
Ein Band ist zerrissen, das Liebe gewebt.
1977

Auf den Flügeln der Nacht

reise ich
in die Magie des Loslassens
und werde
durch die Phantasie
an die Ufer der Leben getragen,
jenseits dem Heute,
dem Jetzt, dem Irgendwo,
an denen sich eine Seele,
die das Tatsächliche
nicht mehr spüren möchte,
erholen kann.

Blaue Stunde

In wochenlangem Bangen
das Hoffen auf Gesundung hier,
liegst du in meinen Armen
oder schlafend neben mir.

Der Mond dreht seine Runde,
schaut auf uns still herab,
in unsrer blauen Stunde -
wie lieb ich dich doch hab.

Dein Schlaf ist nun für immer,
ich sehe noch dein Bild vor mir.
Im silberhellen Schimmer
bleibt unsre blaue Stunde mir.

Engelwünsche

Ich wünsche mir so oft,
nur einmal kurz
in den Himmel lauschen zu können,
um die Stimmen derer zu hören,
die ich hier unten
immer wieder vermisse.
Ich verteile Engel
in meinen Räumen,
einen für jeden von meinen Lieben,
nicht nur zu Weihnachten.
Es werden immer mehr
und eines Tages wird vielleicht
auch für mich ein Engel aufgestellt.

1980

Wer findet meine Spuren,

geprägt im Lebenssand,
wer sammelt die Gedanken,
die ich für mich einst fand?
Die Spuren meines Lebens
entschwinden in der Nacht,
von Wellen weggewaschen,
noch eh der Tag erwacht.

2006

Die Zeit ist da

Wenn das Dunkel
sich immer mehr ausbreitet,
wenn Fragen zu Irrlichtern werden,
die Faust des Schicksals
sich immer mehr ballt,
dann ist die Zeit gekommen,
dem weißen Raben
Einlass zu gewähren.

Wenn du geh'n musst

Sei beruhigt und bleibe furchtlos,
denn noch ist dein Ende weit.
Sieh, ich sitze heute bei dir,
teile mit dir meine Zeit.

So wie du, als ich noch Kind war,
standest alle Zeit mir bei,
so will ich nun nah bei dir sein,
Anderes ist einerlei.

Gib mir deine kalten Hände,
komm, ich wärme sie dir gern,
schau, am Himmel leuchtet wieder
unser goldner Märchenstern.

Gabst ihn mir als Überraschung,
einmal, als ich ängstlich war,
heute biet' ich zur Begleitung
ihn für deinen Heimgang dar.

Er soll leuchten, wenn du gehn musst,
dir - um deinen Weg zu finden
mir - um dich dann still zu grüßen,
Liebe schicken mit den Winden.

1979 für Oma

Abschied am Meer

Diese wunderbaren Momente
setzen warme Schatten
und Horizont zerfließ in mildem Licht.
Herb-salzig schleicht sich das Meer
in mein Bewusstsein,
mischt sich unter die üppigen
Düfte der Reife.

Mein Herz folgt
dem Flug der grauen Schar
und die Dünen wandern
unter meiner fühlenden Hand.
Der Abschied von dir
ist nur der Abschied von dem Körper
Unsere Seelen
bleiben vereint.

1977

Abschiedssonett für unsere Mutter

Geh in Frieden, müde Seele,
lass den Lebensmantel los,
der so schwer behindert bloß,
dass er dich nicht länger quäle.

Halte nicht mehr fest dein Leben,
nicht an Tand, an Gut und Geld,
den Ballast der Habenwelt
musst du Andren übergeben.

In Verzicht leg all dein Ringen,
denn auf deinen Seelen-Wegen
hemmt die glitzernde Fassade.

Möge es dich lichtwärts bringen,
bittend um den letzten Segen,
für den Trost der ewigen Gnade.

2015

18

Am Ziel

Mein Leben zeigt schon eine lange Reise,
der Weg war mir nicht immer leicht.
Doch führt er mich noch, stets auf seine Weise,
bis ich den Horizont, mein Ziel erreicht.

Im Himmelsblau erstrahlt von fern ein Tempel,
der zeigt mir, es ist nicht mehr weit.
Das Licht erstrahlt, es ist der Stempel,
er siegelt mir : Es wird nun Zeit.

Es wird nun Zeit, so singt des Lebens Ende,
die Sonne sinkt und wandelt sacht
behutsam wie des Jahres Wende
des Lebens Strahlen in die stille Nacht.

Und wundersam ertönt mir leises Singen,
die Melodie, die einst mein Leben war.
Mein Daseinslied wird lange nicht verklingen,
denn Lebensliebe trägt es weiter hell und klar.

2010

Die Welt blieb stehn

Und wenn, die Welt blieb plötzlich stehn,
das wäre mir auch ganz egal,
denn wie soll es nun weiter gehn?
Ein jeder Tag schmeckt völlig schal.

Kein Trost bringt dich mir je zurück,
mir ist so kalt, mein Herz ist schwer,
herausgerissen aus dem Glück...
so dunkel wird es um mich her.

Ein Vogel singt sein Lied für mich,
ich bleibe stehn und lausche still,
so ganz erreicht es mich noch nicht,
weil ich es mit dir hören will.

1977

Du bist ganz still gegangen

Du bist ganz still gegangen,
noch warm ist deine Hand.
Ich spüre dich ganz nahe,
seh' Schatten an der Wand,
die wie ein Zeichen wirken,
als kämst du gleich hierher.
Doch Wind ist's in den Birken –
sie wiegend – und alles wird so leer.

1977

Goldene Lichtbänder tanzen
auf dem Blau der Wellen
die sich mit weißer Gischt krönen
Möwenrufe klingen heiser
und meine Hand ist so leer
ohne die deine
Brandungslieder öffnen mein Herz
dass dich immer noch sucht

1977

Ich folge dem Ruf

Hört ihr den Ruf? Ich folge ihm still,
weil ich es muss
und es auch so will.

Seht ihr das Licht? Es leuchtet so hell,
drum weinet jetzt nicht,
es dunkelt sonst schnell.

Fühlt ihr die Hand, die jetzt meine ergreift?
Ich fühl mich entspannt,
in der Seele gereift.

2000

Todesnachricht

Es wurde so dunkel
trotz Sonne im Tag
der Himmel verhängte sich grau
es deckte die Erde
mit Asche das Grün
die Farbe der Bäume verschwand.

Der Vögel Gesänge
verklangen im Wald
die Nachricht trug gellenden Hall
sie ließ meine Seele
schmerzblutend zurück
und Tränen gerannen zu Stein

1977

Verblasst

Meine Erinnerung
ist wie ein Buch.
Du bist darin ein Bild -
ein wenig verblasst,
fast nicht verknittert.
Bild ohne die Risse,
die in mir blieben.
Sie zeichnen Spuren
durch mein Leben.

1978

Noch einmal nur
deine Stimme auf meiner Haut
die alte Narben
schützend verschließt

Noch einmal nur
deinen Atem an meinem Hals
der warmes Leben
prickelnd verteilt

Noch einmal nur
deine Hände an meinen Schultern
die tragende Kraft
mit mir teilt

Noch einmal nur
hellstrahlende Zuversicht
die jede Angst
verfliegen lässt

Noch einmal nur....

1977

Trauert nicht

Gebt mir Freude, wenn ich gehe
mit auf meinen letzten Weg
denn in dieser fühl ich Leben,
sie ist für mich fester Steg.

Spielt für mich die alten Lieder,
tanzt, wenn ich es nicht mehr kann.
Schaut mich durch die Wolkenbilder
immer wieder freudig an.

Hört mich in dem Blätterrauschen,
hier in unserm Buchenwald,
lächelt zu des Kuckucks Rufen
wenn es durch den Frühling schallt.

Seht den Mohn im Kornfeld leuchten,
hört der Lerche helles Lied.
Lebt bewusst das ganze Leben,
hadert nicht, was auch geschieht.

Springt durch Pfützen, schwimmt durch Wellen,
raschelt euch durch Herbstes Laub.
Auch wenn vieles sich mal ändert,
alles wird hier nicht zu Staub.

Eines kann euch keiner nehmen,
und zwar die Erinnerung.
Lasst sie tief im Herzen blühen,
leuchten in der Dämmerung.

Denkt an unsre Märchenstunden,
an die Freuden auch im Spiel,
an die stillen Kuschelrunden,
einfach lieben war mein Ziel.

Singt die alten Abendlieder,
die ich immer für euch sang
auch für eure Kinder wieder.
Harmonie im Stimmenklang,

werde ich dann mitempfinden,
tief in euren Herzen drin,
seelenfest mit euch verbunden,
ganz egal, wo ich dann bin.

Mein Wunsch und Wille

Lasst nicht zu, dass ich noch leide,
hört euch hier mein Bitten an.
Meine Hoffnung war nur immer,
dass ich schmerzfrei sterben kann.

Und die Schläuche, Apparate -
haltet sie von mir nur fern,
ohne Kraft zur Selbstbestimmung
kann ich mich nicht selber wehrn.

Einzig Einer kann ermessen,
wann der Tod mir ist bestimmt.
Bitte lasst nicht Technik walten,
weil sie mir die Würde nimmt.

Schaut, dass ich nicht lange leide,
Schmerzenzfreiheit schenket mir.
Mit hellwachen, klaren Sinnen
schrieb ich meinen Willen hier.

1986

Letzter Abschied

Welch ein hartes, wehes Beben,
welche Macht und doch so still,
als ob Schmetterlinge schweben,
wenn die Seele weinen will.

Deine bleichen Lippen schweigen,
sagen nie mehr zärtlich „Du"
Deine schönen warmen Augen
zwinkern mir nun nie mehr zu.

Sonnenstäubchen tanzen Reigen
auf dem Bett und an der Wand,
Flöten höre ich und Geigen –
lausche ihnen wie gebannt.

Schluchzend nehm ich deine Hände
hab sie inniglich geküsst.
Stehe vor des Leben Wende
weil du still gegangen bist.

Der Himmel öffnet weit die Tür,
denn deine Seele will nach Haus,
und tränenblind steh ich vor dir -
doch lasse ich sie still hinaus.

Lehn dich an mich

Ich halte dich fest,
solange ich kann.
Es liegt an dir,
mir zu zeigen,
dass du gehen möchtest.
Solange
halte ich dich fest.

Lehn dich an mich
so wie ich mich an dich lehnte.
Ich halte deine Hand
weil du meine
so lange gehalten hast.
Darum
lehn dich an.

Ich weine um die Zeit

Ich weine um die Zeit
die ohne ein Uns verstreicht
Erinnerungen
gemeinsam ungelebt
um mein Lachen
das einsam erfriert
weil dein Echo fehlt
Weinen,
um dem Schmerz
einen Weg zu geben

1978

Ich gehe behütet

Ich steh vor der goldenen Pforte,
nach endlos erscheinender Zeit,
es trugen mich stets deine Worte
von endendem Kummer und Leid.

Getragen von jubelndem Singen
zieht es mich sanftzwingend empor.
Voll Sehnsucht nach all meinem Ringen
erreich ich das hell leuchtende Tor.

Lass mich deine Gnade erfassen
und klar deine Ordnung verstehn,
dann kann das Gewes'ne verblassen
voll Klarheit im Herzen wir sehn.

Ich lege mich in deine Hände
weit gleitet das Irdische fort.
Du bist die Allmacht, die Wende,
ich neige mich froh deinem Wort.

Ein Mensch, zu früh gegangen

Ein Mensch, zu früh gegangen,
für uns klingt nach sein Wort,
lebendig, stets voll Hoffnung.
Er ist nicht wirklich fort.

Wir danken für die Stunden,
die du mit uns verbracht,
geredet und geschwiegen
und gerne froh gelacht.

Lasst einen Kreis uns bilden,
und er ist mittendrin.
Wir sahen Jahre weichen,
erfragen Todes Sinn,

der oft so unvermittelt
zu früh uns Freunde raubt.
Nur der kann Antwort finden,
der an ein Jenseits glaubt.

Die Zeit, sie schließt die Wunden,
doch heilt sie diese nicht,
denn leisestes Erinnern macht,
dass die Wunde bricht.

Du fehlst mir so sehr

Wie oft streift das Erinnern meine Seele
und zeichnet mir dein Bild in Himmelsblau,
es flüstert: „Immer wenn ich dir so fehle,
dann höre in den Wind wie heut und schau-

ich will dir helle Wolkenbilder schenken,
wie einst, als wir noch inniglich vereint,
denn nur mit Freude sollst du an mich denken,
wenn deine Seele voller Sehnen weint".

Ich höre Dich in meinem tiefen Sinnen,
auch fühle ich dich fast noch körpernah
und weiß, ich muss alleine neu beginnen,
wie schwer nach all dem Glück, das uns geschah.

Wie sehr fehlt mir dein unbeschwertes Lachen,
versuch in Traumgebilden dich zu finden,
weil doch so oft in nächtebangem Wachen
die Traurigkeit Vergangenes will binden.

Wenn Nebelschwaden aus den Wiesen steigen
und Sonne unser Wolkentor durchbricht,
dann wird sich mir das Weiterleben zeigen,
seh` Zukunftsfreude ich im Hoffnungs- Licht.

1977

Der letzte Weg

Verzweiflung schweigt aus deinen Blicken
mich seelentief berührend sprechend an,
betroffen stets von menschlichen Geschicken
zieht dieses Leid mich immer in den Bann.

Dein zart-verblühtes Antlitz lässt mich spüren,
wie unvergessen Lebenswogen sind,
die Einer nur sanft-glättend kann berühren,
oh fühle Ihn, denn du bist doch Sein Kind.

Du leugnetest Ihn schon seit vielen Jahren,
nun sucht die darbend Seele Ihn voll Qual,
nur einmal noch die Gnade zu erfahren,
bleibt dir denn hier und jetzt wohl noch die Wahl?

Ja, denn sie bleibt auf Erden jedem offen,
der flehend Seine Stärke sich erfleht,
der kann auf Seine Gnade hoffen,
der still den Weg der Wege mit Ihm geht.

2010

Du gingst ganz still

mit einem Lächeln im Gesicht,
das den Regen innehalten ließ,
und es erstrahlte ein Regenbogen.

Als der Regenbogen verblasste,
kam der Vogel Seelenfrieden.
Er trug dich auf sanften Schwingen
weit über die sieben Weltmeere.

Behutsam setzte er dich
an den Rand des Lichtes.
Du tratest hinein
und fühltest dich geborgen.

Ich habe deinen Namen
in den Wind gerufen,
nun wird er ihn weitertragen
durch die Sphären
und er wird ihn singen
in seinem Lied für die Sterne.

So wird das Erinnern an dich
als Melodie
durch die Ewigkeiten schwingen.
Dein Tod ist die Grenze deines Lebens,
aber nicht das Ende der Liebe.

1976

Du gehst heim

Du möchtest nur schlafen und gar nichts mehr tun,
lebst still in Vergangnem, hast Zeit, nun zu ruhn.
An was magst du denken, was siehst du denn nur,
wenn du so lieb lächelst - Erinnerungsspur?

Vorbei sind die Zeiten von Krieg, Not und Flucht,
doch Plätze der Kindheit sind heimweh-gesucht.
Mit suchenden Fingern ertastest du Halt,
ich nehm deine Hände, sie sind ja so kalt.

Das Leben will enden, du schläfst friedlich ein.
Ich schluck meine Tränen, will hemmend nicht sein,
lass Raum deiner Seele, die heimwärts nun schwingt
und in mir, ganz leise, das Lied von uns klingt.

April 1979

Abdruck

Ließ ich ihn einst zurück,
den Abdruck meines Seins?
Ließ ich die feine Spur
am fremden Meeesstrand?

Wer hob die Muschel auf,
die ich am Ufer fand,
die feine Silberschale,
die dann verlor die Hand?

Fand Abdruck deines Fußes,
spät - gestern vor der Nacht,
Die Wellen drüber gleiten,
eh neu der Tag erwacht.

Der Möwenschrei am Wasser
verhallt so schnell im Sturm,
und nur das Licht des Mondes
beleuchtet still den Turm.

1977

Als der Tag starb

Als der Tag starb,
weinten die Blumen,
bedeckten ihre bunten Häupter
mit Staub.
Als der Tag starb,
neigten sich die Bäume,
ließen ihre Blätter fallen,
verwesendes Laub.

Als der Tag starb,
verschwand der Himmel im Grau
und die Dunkelheit
verschloss jedes Offen.
Als der Tag starb,
wurden Schreie zum Beten,
und die Verzweiflung
griff nach allem Hoffen.

Als der Tag starb

14.9.2001 noch völlig im Schock

Blutmond

Ich laufe am Meer
und suche dich noch immer
Zurückholen möchte ich
dein zärtliches Werben
die warme Hand
das Wellenflüstern
Glückseligkeit
nie enden wollenden Zauber
Doch die neidenden Nornen
entrissen dich dem Hier
Der Blutmond schreit
meine Küsse im Sand verwehen

1977

Der letzte Weg

Verzweiflung schweigt aus deinen Blicken
mich seelentief berührend sprechend an,
betroffen stets von menschlichen Geschicken
zieht dieses Leid mich immer in den Bann.

Dein zart-verblühtes Antlitz lässt mich spüren,
wie unvergessen Lebenswogen sind,
die Einer nur sanft-glättend kann berühren,
oh fühle Ihn, denn du bist doch Sein Kind.

Du leugnetest Ihn schon seit vielen Jahren,
nun sucht die darbend Seele IHN voll Qual,
nur einmal noch die Gnade zu erfahren,
bleibt dir denn hier und jetzt wohl noch die Wahl?

Ja, denn sie bleibt auf Erden jedem offen,
der flehend Seine Stärke sich erfleht,
der kann auf Seine Gnade hoffen,
der still den Weg der Wege mit Ihm geht.

2010

Ein stilles Licht

Ein stilles Licht
gibt uns Ruhe und Frieden
und wir besinnen uns auf uns selbst.
Dankbar für das,
was wir an Gutem hatten,
lassen wir nur dieses Schwingen zu
und verbannen alles,
was uns nicht gut tut.

Für alle Kriegswaisen

Mutter, oh Mutter,
liebste Mutter mein,
wie gerne wollte ich immer,
immer dein Kind nur sein.
Doch der Krieg,
grausamer Krieg,
Soldaten
so hart und gemein,
verhinderten grob
uns eine Mutter zu sein.
Dein geschundener Körper
zu ihrer Lust,
zerschmetterter Schädel,
ein Schuss in der Brust.
Allein liegst du fern
im Heimatland,
doch niemals zerreißt
unser Sehnsuchtsband.

Ich gehe behütet

Ich steh vor der goldenen Pforte,
nach endlos erscheinender Zeit,
es trugen mich stets deine Worte
von endendem Kummer und Leid.

Getragen von jubelndem Singen
zieht es mich sanft-zwingend empor.
Voll Sehnsucht nach all meinem Ringen
erreich ich das hell leuchtende Tor.

Lass mich deine Gnade erfassen
und klar deine Ordnung verstehn,
dann kann das Gewesne verblassen
voll Klarheit im Herzen wir sehn.

Ich lege mich in deine Hände
weit gleitet das Irdische fort.
Du bist die Allmacht, die Wende,
ich neige mich froh deinem Wort.

In der Stille

Vergessen die Welt - ich halte inne,
trete ein durch das Tor der ruhenden Sinne.
Nur ich allein im Herzen der Welt,
vorbei ist die Jagd nach Ruhm und nach Geld.
Ich geh tief in mich und schaue hinauf,
auch du wirst bemerken – eine Tür tut sich auf.

In der Hast des Alltags ruhen und schweigen
und sich dankbar vor Gottes Schöpfung verneigen.
Die Grenzen erkennen in Zeit und in Raum,
dem Leben begegnen wie glückhaftem Traum.
Erkennen den Ursprung der verborgenen Quelle
und eintreten in das Reich der befreiten Seele.

Die Zeit steht nun still, ich atme in ihr
das ganze Weltall versöhnt sich mit mir.
Umfassender Frieden fließt tief in mein Herz,
vertreibt dunkle Gedanken und Seelenschmerz.
Im Klang dieser Stille, die stets alles heilt
umhüllt mich die Urkraft der Ewigkeit.

Ich tauche ein in den Lärm unserer Zeit
demütig erkennend die Unendlichkeit.
Schaue nach vorn, dort steht das Glück,
so lasse ich Groll weit hinter mir zurück.
Ich fühle mich an Körper und Seele erholt,
da erstrahlt der Tag im schimmernden Gold.

Leben geht...

Wenn sich am dunklen Wolkenrand,
ein sanftes Licht mir schimmernd zeigt,
fühl ich am ziehend' Lebensband,
dass sich mein Weg dem Ende neigt,
Im Fortgang einer langen Zeit,
konnt' man das Licht mir niemals rauben,
ich bin seit langem schon bereit,
getragen stets von meinem Glauben.

Und dann zur Lebensabendzeit
wächst neuer Zauber der Gedanken,
der sich in großer Innigkeit,
um alle Schönheit möchte ranken.
Die Einsamkeit der Abendstille,
hält oft mich warm umfangen.
Ich schau zurück auf Glückes Fülle,
das leis mit mir gegangen.

Der großen Weisheit schöne Blüte.
ist eingetaucht in reines Licht,
ich beuge mich der Allmacht Güte,
ich wehre einem Ende nicht.
Und hält sie mich dereinst umfangen,
ersehnte Stille, die ich such,
werd' ich in Lichtes Land gelangen
und sanft schließt sich mein Lebensbuch.

Licht am Ende des Tunnels

Leicht,
zielstrebig,
das Licht sehend,
die Wärme fühlend,
aufwärts gezogen,
geführt
Die schwere Last
Körper
vergessen
Licht,
mich umfangend
wieder loslassend
Rufe,
Schockwellen
durchbeben
holen zurück.
Ich lebe,
doch nie
werde ich vergessen
das Licht
am Ende des Tunnels

1979

19.12.1993

Tag um Tag und Nacht um Nacht
quälend dein Atem
röchelnd, pfeifend
Keine Hoffnung auf Besserung
nur die Hoffnung auf Erlösung

Und dann wurde es ruhig im Zimmer
es wurde ganz still im Haus
und still wurde es auch in mir, in uns
Noch ein letzter Gruß an dich
du stiller Mensch
Mein Vater lebt nicht mehr.

Scheideweg

Wenn die Augen, die sonst lachten,
sich nun kummermüde weinen,
ohne Glauben still verneinen,
Gesten, die sonst Hoffnung brachten.

Wenn die Schmerzen mich zerfressen,
nur noch Drogen Hilfe bringen,
kann ich nicht mehr lange ringen,
will die Nöte nur vergessen.

Wenn aus Worten Steine werden,
harte Sätze mich zerschneiden,
möchte meine Seele scheiden,
Abschied nehmen hier von Erden.

Schmerz

nicht beschreibbar
Leere
kaum lebbar
Trost
nicht fühlbar
Neuer Anfang
unvorstellbar
ohne dich

1977

Todesnachricht

Es wurde so dunkel trotz Sonne im Tag
der Himmel verhängte sich grau
es deckte die Erde mit Asche das Grün
die Farbe der Bäume verschwand.

Der Vögel Gesänge verklangen im Wald
die Nachricht trug gellenden Hall
sie ließ meine Seele schmerzblutend zurück
und Tränen gerannen zu Stein

1977

50

Tränenfluten

Wenn der Tränen Fluten
mein Herz und meine Sinne
reingewaschen haben,
wenn die Sonne der Hoffnung
sie getrocknet,
der Wind des Vergessens
ihre Ursache verwehte,
dann ist nicht
alles ungeschehen,
doch der Blick klar
für ein neues Erleben,
für neue Tränen,
vielleicht diesmal des Glücks?

Trauer und Fassungslosigkeit

Trauer und Fassungslosigkeit
machen oft hilflos und einsam
Gib den Gefühlen Raum
und schreib sie auf
male mit Worten
was Dich in das tiefe Meer zieht

In dem Meer der Traurigkeit
schwimmt die Seele
Sie geht nicht unter
weil sie getragen wird
von den Wellen des Verstehens
der Anderen
die Gleiches erlebten

Vergessenheit

Wenn im Fluss der Erdenzeit
die Gedanken sich verirren,
und im Kreis der Endlichkeit
scheint mein Leben zu verwirren,
dann sei freundlich, stör mich nicht,
wenn mein Geist das Heute bricht.

Fern der Welt, die Leistung sieht,
werde ich gern froh verweilen.
Kälte mir ins Herz heut zieht,
denke ich an das Beeilen,
das in seinen Bann uns schlägt
nur Profit im Herzen trägt,

um den Jeder sich bemüht,
sucht, ihn ständig zu erlangen,
während Glück am Wegrand blüht.
Mich erfassen Angst und Bangen
vor der Kälte dieser Zeit.
Gefühle in Vergessenheit.

Wenn meine Welt zusammen fällt

Wenn meine Welt zusammen fällt
kein gutes Wort mich mehr hier hält,
wenn alles Wollen nichts mehr schafft,
vorbei ist meine stete Kraft,
dann wird es Zeit, Ade zu sagen
und nicht nach dem Warum zu fragen.

Ob morgen - ob in welchem Jahr -
dies immer ein Geheimnis war.
Doch vorbestimmt ist jedes Ende.
Ich falte still noch meine Hände
und danke für viel schöne Zeit.
Ich bin zum Gehen jetzt bereit.

Wenn Trauer dein Herz erfüllt,

Wenn Trauer dein Herz erfüllt,
lass dich von der Liebe
umfangen und von deinen
Erinnerungen trösten.

Lass dich von der Hoffnung führen
und von den Menschen begleiten,
die dir in dieser Zeit
besonders nahe sind.

Nimm an die Kraft,
die so reichlich ausgeschüttet wird,
um sie weitergeben zu können
an die, die dich begleitet haben

Wer findet meine Spuren

Wer findet meine Spuren
geprägt im Lebenssand,
wer sammelt die Gedanken,
die ich für mich einst fand?

Die Spuren meines Lebens
entschwinden in der Nacht,
von Wellen weggewaschen,
noch eh der Tag erwacht.

2006

Werden und Verwehen

Es ist ein Kommen und ein Gehen,
ein stetes Werden und Verwehen,
solange wir auf dieser Welt
ist uns kein Stehen zugesellt.

Ein jeder hat den eignen Weg,
mal hangelt er sich übern Steg,
mal springt er fröhlich, frisch und frei,
was kommen mag, ist einerlei.

Doch irgendwann wird man gehalten,
kann nicht mehr so wie vorher walten,
bemerkt erstaunt, es geht vorbei,
das Tanzen, Lieben, Tändelei

und auch das lange ernste Streben,
ein arbeitsames ehrlich Leben,
das Sorgen für der Andren Glück...
es ist vorbei, kommt nicht zurück.

So lasst uns still einfach nur danken,
und hoffen, wenn wir schwer erkranken,
dass eine Hand uns leise hält,
bis aller Ballast von uns fällt.

Wünsche für meine Kinder

Ich wünsche dir eine Hand,
die dich immer dann führt,
wenn du nicht mehr weißt,
wohin du gehen sollst,
eine Schulter zum Anlehnen,
wenn du allein nicht stehen kannst,
ein offenes Ohr, das hinhört,
wenn du mit jemandem reden musst.

Ich wünsche dir
ein Lachen, das dich empor hebt,
wenn du in einem Meer
von Tränen untergehst,
zwei starke Arme,
die dich schützend halten,
wenn du vor jedem Schritt
durch das Leben Angst hast.

Ich wünsche dir
ein Herz, das dir leuchten kann,
wenn du kein Licht mehr siehst,
Worte, die dich trösten,
wenn du durch Seelenqualen gehst,
dein Leben dir sinnlos erscheint,
du unendlich traurig
und ohne Hoffnung bist.

Ich wünsche dir
einen Menschen,
der dich so liebt wie du bist,
und den du auf deine
besondere Art lieben darfst,
denn dann erfüllt sich
deine tiefste Sehnsucht.

1987

Gewissheit

Erschrecken
und wieder Schmerz
und wie Hammerschläge
die Gewissheit
du bleibst nicht bei mir

Kaum
dass ich dich fühlte
kaum dass ich dich erkannte
kaum dass ich dich liebte
verlässt du mich
ohne dass du mich,
ohne dass ich dich
wir uns
je sahen.

Kind
geboren und gegangen
und die Leere
in mir
Schmerz

Florian, dein Name bedeutet „der Prächtige",
ich freute mich auf den 4. Mai 1969
du gingst von mir am 11. Januar 1969

Gegangen

Allein –
mit meinen Gedanken,
die dich sehen
und doch –
ich kann dich nicht berühren,
dich nicht mehr spüren

Der Schmerz ist da
statt der zarten Bewegung in mir.
Mir ist, als würden Tränen
jede meiner Handlungen umspülen.

Kind meiner Träume,
Seele auf der Wanderschaft.

Felix
dein Name bedeutet „der Glückliche"
Dein Geburtstermin
sollte der 8. November 1970 sein,
du gingst am 20. Juli 1970

Begleitung

Verlorene Zeit,
die ich nicht einholen kann?
Oder Berührungen der Seelen,
die noch nicht reif füreinander sind?

Ist der Lauf
der vergessenen Zeit vollendet?
Verblieben bin ich selbst
mit der kleinen Seele,
die mit dir kam, geleitet von dir?

Christian, dein Name bedeutet „der Gesalbte"
Ich wusste bis zur Geburt deiner Schwester nicht,
dass ihr zu zweit ward, obwohl tief in mir
zwei Namen genannt wurden,
obwohl ich es hätte fühlen müssen.

Du bist gegangen im April 1973
deine Schwester kam im Juli alleine auf die Welt.

Wie ein Hauch

Ein Hauch von Leben,
mehr war es noch nicht,
doch stets in Gedanken
sah ich dein Gesicht.

Berührt von deiner Seele,
verbunden mit ihrem Sein,
schloss ich dich ganz
in mein Leben mit ein.

Du gingst mit dem Wind
für mich voller Schmerzen,
verlor ich mein Kind -
doch nicht aus dem Herzen.

Caspar bedeutet „der Schatzbewahrer"
Ich freute mich auf den 5. Dezember,
ich verlor dich am 2. August 1980

Seelenberührung

Ein leises Rauschen
wehte durch mein Herz
als mich deine Seele berührt
doch gingst du,
für mich war es tiefer Schmerz,
von höherer Macht geführt.

Björn, dein Name ist norwegisch "der Bär"
ich freute mich auf den 27. September
du hast mich verlassen am 27.Mai 1981

In der Stille

Vergessen die Welt - ich halte inne,
trete ein durch das Tor der ruhenden Sinne.
Nur ich allein im Herzen der Welt,
vorbei ist die Jagd nach Ruhm und nach Geld.
Ich geh tief in mich und schaue hinauf,
auch du wirst bemerken – eine Tür tut sich auf.

In der Hast des Alltags ruhen und schweigen
und sich dankbar vor Gottes Schöpfung verneigen.
Die Grenzen erkennen in Zeit und in Raum,
dem Leben begegnen wie in glückhaftem Traum.
Erkennen den Ursprung der verborgenen Quelle
und eintreten in das Reich der befreiten Seele.

Die Zeit steht nun still, ich atme in ihr
das ganze Weltall versöhnt sich mit mir.
Umfassender Frieden fließt tief in mein Herz,
vertreibt böse Gedanken und Seelenschmerz.
Im Klang dieser Stille, die stets alles heilt
umhüllt mich die Urkraft der Ewigkeit.

Ich tauche ein in den Lärm unserer Zeit
demütig erkennend die Unendlichkeit.
Schaue nach vorn, dort steht das Glück,
so lass ich die Welt weit hinter mir zurück.
Ich fühle mich an Körper und Seele erholt,
da erstrahlt der Tag im schimmernden Gold.

Flora von Bistram (Ursula Heinemann) Jahrgang 1949, Berufe
Erzieherin, Heilpädagogin, seit fast 50 Jahren Heilpraktikerin, Autorin
lebt jetzt in Hildesheim/ Niedersachsen.
Schon als Kind erzählte und schrieb sie gerne Geschichten,
später kamen Gedichte hinzu.
Der Autorenname ist der Name ihrer Vorfahrin.
Zwei Kinder, drei Enkel, ein Urenkel
Viele Jahre Mitglied im Club Forum Literatur in Ludwigsburg.

Bücher (1989-1997)

Licht und Schatten; Sternenjunge 1-5; Mareike 1-3; Eiszeit;

ab 2007:

Lebensscherben ISBN: 978-3-939783-32-9;

In der Stille ISBN: 978-3-9812428-0-5;

Auf den Flügeln der Nacht ISBN-13:978-3941373150;

Halt die Zeit an ISBN-Nr.9783842326361

Komm näher ISBN-13:978-3848217694;

Licht und Schatten 2 ISBN-13 : 978-3734741845

Narben ISBN-13 : 978-3744868280

Ich bin doch ein Sternenjunge ISBN-13 : 978-3741283260

In mehreren Ausgaben der EREMITAGE
vom Peter Valentin Verlag in Ludwigsburg
erschienen Gedichte und Geschichten von ihr.
In Weihnachtsgeschichten für Erwachsene I
vom Mohlandverlag
erschien die Geschichte Frohe Weihnachten
ISBN 978-3-86675-049-4
Im Jahrbuch 2007 Lyrik und Prosa
vom Mohlandverlag
erschien die Geschichte Geben und Nehmen
ISBN: 978-3-86675-054-8
Mitglied im Verein "Respekt für Dich"

Jedes Wort ein Atemzug...

An 3 Büchern zugunsten der Hilfe für Gewaltopfer mitgewirkt
Der Erlös dieser Bücher geht zu 100 % an die Hilfe für Gewaltopfer.

2014 Preisträger des Hildesheimer Lyrikwettbewerbs,
der international ausgeschrieben war